가을 식탁

가을 식탁

초판 1쇄 발행 2025년 1월 31일

지은이 최규풍
펴낸이 장길수
펴낸곳 지식과감성#
출판등록 제2012-000081호

교정 김나현
디자인 강샛별
편집 강샛별
검수 김지원, 이현
마케팅 김윤길, 정은혜

주소 서울시 금천구 벚꽃로298 대륭포스트타워6차 1212호
전화 070-4651-3730~4
팩스 070-4325-7006
이메일 ksbookup@naver.com
홈페이지 www.knsbookup.com

ISBN 979-11-392-2391-0(03810)
값 11,000원

- 이 책의 판권은 지은이에게 있습니다.
- 이 책 내용의 전부 또는 일부를 재사용하려면 반드시 지은이의 서면 동의를 받아야 합니다.
- 잘못된 책은 구입하신 곳에서 바꾸어 드립니다.

지식과감성#
홈페이지 바로가기

가을 식탁

최규풍 시집

시인의 말

　시를 쓸 때는 랭보가 떠오른다. 19세기 프랑스의 시인 랭보는 17세에 두 통의 편지로 견자 시론을 폈다. 시인은 모든 감각의 오래되고도 거대한, 체계적인 비틀림을 통해 사물을 보는 견자가 되라는 말이다.

　시를 쓰려면 사물을 색다르고 낯설게 보라는 한 시인의 말이 등대처럼 어른거린다. 이재숙 시인은 새롭게, 낯설게, 바꾸고, 뒤집고, 메시지와 진리, 신념과 철학을 담으라 하였다. 창의적으로 쓰라는 말인데 내 사유와 감각은 여전히 무디어서 결코 쉬운 일이 아니다.

　70대 중반에야 용기를 내어 겨우 첫 시집을 낸다. 막상 시집을 내자니 온 세상에 내 알몸을 내비치는 것처럼 부끄럽다. 글은 아무리 감추려 해도 독자들의 눈에 밟힌다. 함부로 쓴 시를 상재하려니 무척 조심스럽다.

　모든 일은 시작이 중요하다. 첫발을 내디디면 뒤돌아보지 말고 앞을 향해 나아가야 한다. 내게 주어진 시계가 멈출 때까지 시를 붙들고 매달릴 생각이다.

차례

시인의 말   5

1부
―
벚꽃이 흐르는 강

만개	14
개화	15
벚꽃이 흐르는 강	16
꽃무릇	18
등꽃	19
꽃비	20
능소화	21
사랑초	22
상사화	23
안개꽃	24
제주도 유채꽃	25
지는 꽃	26
지심도 동백꽃	27
코스모스	28
꽃의 고백	30

2부

바람이 나를 부르고

청연루	32
강천사	33
강천사 2	34
고향의 봄	36
귀뚜라미	38
기린봉	39
동해	40
사비성	42
사선대의 겨울	44
성불사	46
순댓국	48
순천만	49
싸전다리	50
오산의 고인돌	52
전주천	53

3부
대왕참나무

가련산	56
건지산 단풍	57
고사리	58
한벽당 오모가리	60
벽오동	61
늙은 은행나무	62
대왕참나무	64
만경강	66
선유도	68
올가미	69
소쩍새	70
오동도	72
이팝나무	74
장끼	76
환선굴(幻仙窟)	78

4부
거울 속의 얼굴

거울 속의 얼굴	82
짚신	83
마음밭	84
목탁	85
분수	86
산사의 종	87
불면의 밤	88
생선 가시처럼	90
외할머니	91
술이 말하기를	92
지게	94
아버지	95
아욱국	96
보따리	97

5부
커피 한 잔

접시	100
종이컵	102
커피 한 잔	104
69	105
단추	106
돌부처	107
덕재산	108
딸기밭	110
보리암	113
미륵산	114
백제의 꿈	116
진북교에서	119
색안경	120
가을 식탁	122
꽃게	123

6부

억새의 사랑

7월	126
만추	127
내 사랑 봄이	128
망월	130
백로	132
여수(與收)의 법칙	134
입춘	136
연꽃	137
연못	138
왕복 열차	140
춘강(春江)	142
태풍 경보	143
한로	144
가을비를 맞으며	145

평설: 모더니즘풍의 서사적 서정시 - 소재호   146

1부

벚꽃이 흐르는 강

만개

어둠에 떨었다
얼마나 길었던가
자궁의 검푸른 세월

지축이 멎을 듯
숨 모은 산천

두근대는 하늘
들썩이는 바다

오, 드디어 새벽이 열린
우렁찬 비린 내음

세상이 하얗게 웃는다
뜨거운 눈물이 핀다

아, 눈부신 합창
푸른 눈을 뜬 우주
성스러운 개벽

개화

긴긴밤 뒤척여
어둠도 돌돌 말아

꽃이 오는
우주의 세월
전생의 전전 생을
은하수도 굽이쳤네

산천초목 일어나
하늘을 여는 몸짓들
우렁찬 침묵이었네

숨을 멈춰라
눈은 지그시 감고
향기로 오는
빛살 고운 속삭임을 들라

지진으로도 땅이 울고
파도는 억만 굽이 너울을 뛰고
마침내 한 세상 열리는 고비

한 시인이 있어
고요의 언덕에 올라
새벽 별빛으로 가만 우네

벚꽃이 흐르는 강

얼마나 더 아파야 울음이 되는가
눈물 닦아도 끝이 없는
비바람 흐르는 섬진강

꽃이 무너짐은
허공으로 날리는
애증의 종말일세

두려움이 늘어선 가로에서
활활 피어오른 연민의 기억들이
물안개로 감싼다

얼마나 오래 기다려야 다가설까
허공에 날아오르던 미련이
푸른 바람에 깔린다

깊고 긴 밤의 무수한 별들이
수런대다가 잠이 깬다
꽃은 지려고 핀다
벚꽃은 일순간에 여정을 마친다
다시 부르지 못할 꿈이
바람으로 지는 것이다

바람을 열고 흐르는
눈물 없는 섬진강
애잔한 한살이

꽃무릇

무릇무릇
솟구치는 그리움
빼 올린 산통이
에로스를 부른다

자궁이 열리는 새벽
갈기갈기 터지는
양수 보따리

녹아내린 햇물
춤추는 불바다

꽃 본 나비
물 만난 기러기
무리 지어 내리네

살맛 나는 세상
큐피드의 화살에
나를 던진다

등꽃

다들 넘어져서 피를 흘려도
나는 쓰러지고 싶지 않아
서로 붙들고 손잡고
허리를 감아야 해

붙들 곳이라고는 오로지
오로지 하늘이라며 칭칭
머리를 감싸고 기세를 모아
남은 한 가닥을 피운다

누구도 무너지면 안 돼
얽히고설키어 사는 거야

보랏빛 구름이 사랑으로 부푼다
그냥 가지 마, 같이 살아
사랑을 매달아 둘게
그대 가슴에 나를 묶어

시샘 바람이 떨구거든
눈물은 뚝 입술은 쫙

하늘이 어르고
함박눈이 노래하는
은하의 폭포

꽃비

비가 내린다
갈 때가 되었나 보다
완산공원 겹벚꽃이
상여를 메고
장송곡을 부른다
이십 리 밖까지
운곡이 들린다
처량하다
웃었던 입이
이제는 눈물을 삼킨다
오면 가는 길
노란 강 건너
아득한 피안으로
하얀 배가 사라진다
잘 있거라 투구봉아
엄마 아빠 감사해요
간밤에 핀 연두 잎새가
손을 흔든다
아가야 잘 가거라
비에 젖은 하늘이
흐느끼는 나무를 다독인다

능소화

주린 배를 거머쥐고
검은 겨울잠이 늘어진들
누가 말리랴

탄일종을 친다
나팔관 길게 뽑아
기다린 하늘

깨어나 두리번거리면
세상은 온통
초록 비린내

시간도 지쳐 버린
자궁을 연
붉은 양수

사랑초

그리움이 쌓인 밤
뜬잠 자는 사랑초

외로운 밤마다
냉가슴 뒤척이며
다시 만나려
하염없이 기도하는
보랏빛 눈물

전생의 꿈 가닥가닥
안개처럼 날리며
창백한 목을 빼고
혼불을 지피는
가냘픈 사랑

지구별 어느 한 틈에
천년의 사랑이
다시 찾아오는 날
나 그대 맞으리
가냘픈 사랑

상사화

목 빼고
기다리다
기다리다

울고불고
그리다가
그리다가

곪아 터진
애간장

빨갛게 타 버린
짝사랑이야

안개꽃

나는 아직 내 가슴도
울리지 못했다

눈물 없는 기도로만
세상이 뜨거워질까

나를 짓누르는
억겁의 무명(無明)

미진한 염불이
하늘에 닿을까

번뇌의 파도에
돛대 없는 해탈의 꿈

제주도 유채꽃

유채꽃을 매장했다
노란 피가 밭을 덮고
트랙터가 울었다

하루방[1]이 쓰러지자
시인은 붓을 꺾고
한라산을 묻었다

멀쩡한 대낮에
바다가 사라졌다
하늘이 무너졌다

사월 삼 일
그날의 노란 꽃들이
잠들지 못하고
구천을 떠돈다

---

1) '할아버지'의 방언(제주)

지는 꽃

눈부시게 핀 꽃도
한순간인 것을

긴긴날 임 그리워
밤을 새웠을까

가슴에 멍든 사랑이
저리도 붉은 혼불이구나

그립다, 붙잡지 마라
서럽다, 가는 임은

서둘러 오신 임
숨 가빠 가는 길
어제의 환영이
오늘은 환송이네

아서라 보내리라
만남과 이별은
하늘의 뜻인 것을

무심한 인연이
눈물로 시든다

지심도 동백꽃

올봄도 피어 있을까
지심도 동백꽃
변치 않는 세월

별처럼 달처럼
내 가슴에 아련한
눈트는 첫사랑

맑은 섬의 첫날밤
동서남북 옷 벗은
푸른 눈을 뜬다

섬섬옥수 따스한 정
솔솔 거저 퍼 주고
석양이 서러워라
뚝뚝 지는 붉은 눈물

그리워
눈에 밟힐까
애간장 녹이며 돌아선
지심도 동백꽃

코스모스

하늘이 흔들린다
울지 마라 코스모스야

흔들리는 게 너뿐이더냐
붙들어라 숲이며
돌돌 말리는 가을 길을

선비의 절개라던
푸른 대나무도
폭풍에 휘어진다

망망대해 돛배도
바람에 어지럽다

파도에 떠는 사람아
차라리 몸을 던져라

세월에 떠는 사람아
바람에 맞서라
오면 가는 길
돌고 도는 길

돌아가리라
스러지는 촛불처럼
고향이 부르던
텅 빈 집으로

꽃의 고백

핀다고 웃지 마라
입술이 부르트고
양수가 터지고
몸부림치는 산통이 먼저 오지

곱다고 꺾지 마라
너를 위해 고운 게 아니다
사나운 네 손에
아픈 내 영혼을 맡길 수야

진다고 울지 마라
벌 나비 한세상
이만큼 즐거웠는데
무얼 더 바라리

저녁 노래 꺼지는 날
무심한 비바람에
내 한 몸 홀연히
웃으며 가는 세월일레라

2부

바람이 나를 부르고

청연루

해 솟는 청연루에
고요한 아침이
빙그레 웃는다

바지런한 중바위[2]가
맑은 목탁을 치고
어린 쉬리들이
싱싱한 안개를 마신다

남천교 청연루에
달빛 녹는 밤이면
모주 한 병 싸 들고
호남가를 부르리라

달마중 나온 한복이
아른거릴 때
별들은 남천에
무지개를 뿌린다

---

2) 전주시 승암산의 옛 이름

강천사

성철 스님이 부른
초겨울의 강천사

까치 감나무에
붉은 가을이 달렸다

말라붙은 개울이
고개를 갸우뚱한다

강천(剛泉)이라
상선약수 어디일까

목탁 소리 무성하고
염불이 쌓이는데

목은 마르고
샘은 멀다

강천사 2

다람쥐 한 쌍이
떨어진 가을을 나르고

나는 소리 없이
바람에 스러진
눈물을 밟는다

아직도 아름다운 청춘
그 발길을 주섬주섬 걷지며

저린 발 아픈 손으로
상쾌한 개울을 씻고
산중턱 매달린 올레길
두 눈에 담는다

가시가 드러난
생선처럼 나무마다
가을이 서럽다

두 손으로 마음을 쌓은
애기 돌탑 밤새도록
숨죽여 떨고

천수를 세고 앉은 금부처
허공 깊은 뜬눈으로
염주를 굴린다

고향의 봄

내 고향 개금실[3]아
널 보고 싶구나

뒷동산 소쩍새는
정든 임 보고 살며

가무(歌舞) 터 오목눈이
뻐꾸기알 품었구나

꽃들아, 옥녀봉을
마음껏 누리거라

진달래 듬뿍 따다
달콤한 꽃술 익어 가게

여름날 땀 밴 적삼
홀랑 벗고 몸 뿌려

영천 물 저물도록
쏘가리 천렵하여

---

3) 전북특별자치도 임실군 지사면 금평리 금평(琴坪)의 옛 지명, 가야금실을 개금실로 줄인 말

들큼한 술 한 동이면
온 세상이 녹으리

귀뚜라미

사랑은 짧다
새벽부터 서두른
애타는 세레나데

설익은 노래가
심금을 울릴까

부름은 설레고
부풀어 아픈 목청

풀숲에 두근대는
푸른 휘파람

귓속을 후비는
아련한 첫사랑

사랑은 짧다
새벽부터 서두른
애타는 세레나데

기린봉

달뜨는 기린봉을 보면
마음 먼저 저리다

기린의 노래로
달같이 살고 싶다

밤눈 어두운 이여
밤길을 밝히고

밤 사냥 짐승들아
주린 눈을 뜨라

기린봉 새벽이
시린 가슴으로 내리고

백마 탄 견훤 대왕이
애달피 굽어보리라

잠자는 왕도여 깨어나라
골골이 사무친 기린의 꿈이어

동해

비릿한 어항에서
도루묵을 밟았다
온몸에 번지어 스며드는
바다 내음

차가운 물그림자
구르는 차창으로
하늘이 자맥질한다

바다가 달려온 수평선
내 가슴에 서성이면
고백하리라
사랑한다 동해야

대진 해수욕장이
비단처럼 안긴다
바람은 모시옷처럼
상쾌하다

밤바다가 속살을 감추며
허연 난자를 토한다
싱싱한 일출이다

작은 길 좁은 길로
뱀 같은 눈을 뜨고
동해를 지키련다

피안(彼岸)의 바다
하늘 새 한 마리
독도에 묻힌다

사비성

천둥 같았던 큰 소리 죽여
흔적 없이 속으로 우는 강산
깊은 잠 언제 깨려는가

사비성 짓밟혀 무너진
통곡 위에서 성충이 운다
피투성이 계백이 눈을 부릅뜬다

삼천 궁녀 머리 풀어
꺼억꺼억 우는 백마강
잠을 버린 무수한 영혼들이
싸늘한 피눈물로 흐르네

오천 결사 황산벌아
피를 토하고 일어서라
깨어나라 구다라여
쓰러진 통한의 절개
주섬주섬 걸치고
무너진 나성을 쌓으리니

백발의 무딘 지팡이로
한 서린 백제를 흔들면
푸른 오천 결사가 깨어나
잃어버린 칼춤을 춘다

흩어진 뒷바람의 산실
쓰러진 사비성에 오르면
끝없이 밀려오는 그리움의 파도
쿠웅쿠웅 가슴 찢는
선열의 심장 소리

사선대의 겨울

일찍 서둘러 온 겨울
추적거리는 비를 맞는
오원천 물굽이

사 선녀는 간데없고
발가벗은 여체상 하나
바르르 몸을 떤다

오원을 서성이던
굶주린 까마귀 떼
운서루 용마루에
무거운 침묵을 덮고
안개 바다
검은 바이러스

은비늘은 흔적을 지우고
참새는 이삭을 단념한다
몸을 도사리고 웅크린
옹색한 거리 두기

풍성하던 추억도 사라지고
선녀의 그림자도 허망한
3년의 겨울잠

축제의 낙엽을 묻으며
작업을 포기한 고목들이
굶주린 겨울비를 맞는다

성불사

다람쥐 한 쌍이
떨어진 가을을 나르고
소리 없이 뒹구는
추억을 밟네

조그만 동자승 하나가
발길을 주섬주섬 건지며
저린 손으로 개울을 씻고
처마에 매달린 풍경 소리
두 눈에 담는다

봄날에 내린 손님
활짝 열린 꽃 내음으로
윤회의 뒤꼍에서
빙그레 웃는 돌부처

나이를 꿰는 노승의
맑고 푸른 목탁 소리
하늘은 언제 열릴까

무무역무무

비비역비비[4]

뜬눈으로 허공을 굴린다

---

4) 無無亦無無 非非亦非非 원불교 교전 성리품 11장

순댓국

말복 날 이열치열
사람들이 줄을 선다

머리부터 족발까지 발린 몸
무엇을 더 바라리

뚝배기 속 팔팔 뛰며
내장이 춤춘다

도살장 들면서
놓지 못한 생의 애착

생사는 천명인데
펄펄 끓는
화탕지옥이네

어미 젖 빨던
통통한 육신
제 세상을 뽐냈더니

오지그릇 한가득
무심한 우주

순천만

하늘이 좋아 순천인가
도요새가 모여 갯벌을 일구고
가슴팍 기름진 두루미가
학춤을 누빈다

갈대숲 깊은 시름에
바다는 새벽부터 부산하게
열린 허공에 기도를 심고
만선의 배들은
만조를 기다리네

질긴 호흡으로
세상을 깨우는
바람의 염불

저녁 종소리 사그라든
순천만 너른 품에
노곤한 세월이 잠든다

싸전다리

싸전다리에 서면
힘줄이 불끈 선다

전주의 관문이다
남녘을 여는 동맥이다

부푼 심장이 열리는
동남풍의 길목

눈을 높이 들지 않아도
반가이 맞이하는
너그러운 전동성당

귀 밝은 총명으로
풍남문이 고개를 든다

발아래 푸른 남천(南川)이
하얗게 웃고
포만(飽滿)의 쉬리는
태평가를 부른다

날마다 밤마다
신바람이
남부시장을 열고

남천은 새벽을 길어
전라 감영(監營)을 닦는다

오산의 고인돌

호성이 들썩이는
열락의 함성

호성 들판 뜨거운
짙푸른 운력가(運力歌)

수십억 장정이
무덤을 열고 깨어난다

달궁이 어디 멘가
태양궁도 어림없다

만년의 억눌린 시간이
날숨을 토하네

억겁의 업장을 쪼개고
눈뜰 날이 오리라

고인돌

호성이 들썩이는
열락의 함성

전주천

용머리가 고개 숙인
여의주 마을 앞을
쉬리 떼가 용을 쓴다

완산 다리는 하얀 이를 드러내고
아침마다 껄껄껄 웃는다

도토리골이 좋아라
콧노래 흥얼대며
깃을 접은 해오라기

바람의 부활이다
억새들이 일어나
키를 재는 화산

천년의 감미로운 노래
은하수 끝까지 흐르리

3부

대왕참나무

가련산

산은 늙을수록 허리를 굽힌다
쇠줄은 녹슬고 무릎은 푸석하다

어린 손자는 등에서
쇠북을 두드린다
어깨가 무거운 서원을 내리며
퇴색한 가슴을 죈다

늙은 까치가 바람 속에서
낡은 목탁으로 구미를 쪼는
가련산이 금세 노을이다

가난한 흙이 향기롭다
들깨가 꿈을 안고
자장가로 눕는다

비우면 되는 것을 채우며 살았다
공수래공수거랬다
빈손에 든 하늘이 가볍다

건지산 단풍

남풍이 떠나간 고갯마루에
서성이는 단풍나무

팔각정이 달랜다
울지 마, 가는 게 오는 것
급할 게 뭐니 때가 되면
온 천지 함빡 웃는

천천히 아주 천천히
두 손 모아 간절히
눈감아도 좋은 은총

해가 지도록 빌자
별이 지도록 빌자
아름다운 이 세상

석양의 건지산이
목마르게 물들인 하늘

나를 휘감는 무지개
천 개의 손

고사리

새벽이다, 아니 저런!
희끗희끗한 영감이 꼬부랑 고사리로
몰래 끊고 있다

멀리서 고함을 쳤다
남의 고사리를 왜 끊는 거야?
미안합니다, 좀 끊었습니다
그걸 누가 모를까?
좀이라니 순진도 하다

고사리가 울타리를
바람같이 넘어갔다
놓고 가라고 할까?
그만두었다
얼마나 먹고 싶으면
나도 저럴지 몰라

고사리밭이 눈물이다
허리 잘린 애들이 쏘아본다
주인도 똑같아요
어제도 끊고 또 왔잖아요?

미안해, 그만 갈게
허리로 손이 간다
아이고 고사리 허리네

한벽당 오모가리

옥류천 푸른 물안개
메기가 멱을 감는다

시래기 질긴 그물에
은빛 영혼의 자맥질

술 익은 부월루에서
푸른 달을 건지고

바위에 부딪히는
비늘의 아우성

권커니 잣거니
한벽당 오모가리에
은하수가 끓는다

벽오동

해 맑은 아침
거문고 속울음
오백 년 무거운 득음일세

시공을 넘고 넘어
온몸으로 뿌리며, 푸르른
음률의 부신 햇살

느긋한 진양조장단에
숨 멎은 절창의 향기로고

새들은 날개 접고 한나절
태양은 늘어지네

보랏빛 나비 무리
허공에 머물고
한 세월 저물도록
기별 없는 누님이야

늙은 은행나무

젊고 푸른 날은
바람을 보고 그냥 웃었지

아무리 흔들어도
손을 놓지 않았지

이제 늙고 몸이 무거우니
바람 앞의 눈물이 되네

눈에 넣어도 아프지 않던
금쪽같은 내 세월아
지키지 못해 미안하다
가거라 세상 끝 멀리멀리

울지 마라 설워 마라
이별 슬픈 영혼들
어디 너희뿐이겠니

떠나는 눈물보다
보내는 눈물이 더 뜨겁단다

잊어 다오 눈감으면 흙인걸
헐벗은 이 세상
무슨 영화 보자고
날이면 날마다
아등바등 살았구나

대왕참나무

아파트 정원에 입주한
한 그루 대왕참나무
자식을 보내기 싫어서
가을과 겨울을 넘기고
늦은 봄까지 애지중지하였지

껴안고 있던 마른 잎새를
비가 내리는 날
모진 바람에
야윈 손을 놓으며
눈물 마르네

중학생일 때였나
집 떠나 자취하는데
주말에 떠나올 때
동구 밖 참나무 기대어
점으로 사라질 때까지
바라보시던 어머니

이미 무거운 하늘
세월이 붉어진 노을에도
머언 어머니가 그립네

비바람에 찢기며
뼈만 남은 대왕참나무
앙상한 한 그루
그 푸른빛으로
아! 우리 어머니

만경강

하늘로 운집한 물이
지상을 역습한다
곰티재를 넘고
감나무골을 더듬고
위봉산성에 던진 몸

침묵의 세월이여
골골이 일어나라
대동의 함성이
즐겁지 아니한가
서해를 향하여
줄지어 달린다

해월리 오성리
분토동 아중리
잠들아, 깨어나라
동무 동무 동동무
춤판을 벌이자
저 멀리 만경들
혼불을 뭉치자

고산천 전주천
반갑다 핏줄기여
지화자 어기여차
성충, 계백, 견훤
한 서린 한풀이
하늘 찢는 천둥 번개
갯벌 만금이 들썩인다

오천 년 녹아 흐른
도도한 만경강
멈추지 않으리
마르지 않으리

선유도

바닷새가 숭어의 눈을 파먹는다
바다를 파먹는다
아파서 우는 바다
바다를 건지고 싶다
쓰레기를 먹고 비틀거린다
낚싯바늘에 가슴이 꿰인 채
버려진 그물에 걸려
밤새 발버둥 쳤다
숭어의 허기진 뱃속은
플라스틱과 스티로폼 박물관
바다가 가라앉고 숭어가 떴다
늙은 갈매기가 겁도 없이 걸어간다
입맛만 다신 창자가 뒤돌아본다
숭어 씨가 마르면 바다가 죽는다
이래 죽으나 저래 죽으나 마찬가지
늙어 꼬부라진 갈매기가 나를 바라보았다
당신도 별 수 없어
나 대신 숭어를 탐내는 거야
숭어가 싱싱했다
이 새벽에 세상을 뜬 거야
운 좋은 날이다
선유도에서 죽은 바다를 건진다

올가미

지치고 허기진 몸
사는 길이 뻔하거늘
떠돌아 본들 타고난
팔자를 어찌 고칠까

돌다리도 두드려라
믿는 도끼 발등 찍는데
귀에 쟁쟁 부모님 말씀
눈에 박힌 내 길이다

한길로 가리라
마음 놓고 가리라
안심하고 나선 길
믿고 다닌 동선(動線)일 뿐

먹이 찾고 짝을 찾고
가시덤불 좁은 길목
아무 일도 없던 외길

아이고 웬일인가
올가미가 목을 죄면
몸부림치며 버둥대며
하늘도 눈을 감네

소쩍새

꽃이 피면 기쁨은 짧다
지는 것은 한순간
비바람에 꽃잎이
사랑을 비운다

돌아서는 그림자의
날개가 가볍네
돌아오지 않을
그리움을 떨치고
떠나야지

흩날리는 꽃잎이
술잔을 덮누나
속절없는 약속을 내리며
고별의 잔을 비우네

세월은 떠나고
사랑도 떠나는 것
고운 정 미운 정
어쩌면 지울까

오동나무 정수리에
짝 잃은 소쩍새
소쩍
소쩍
소쩍

밤도 따라 운다

오동도

서리 맞은 노란 털머위가
너털웃음 드러낸
오동도 푸른 동백 숲

아픈 걸음을 앞세우고
나이 먹은 세월을 오르면
끼룩끼룩
갈매기 한 마리
짝을 찾아 맴돈다

천 년을 기도한 바위섬
눈물의 전설을 뿌리고
무심의 바다에
너른 가슴을 내준다

등대 높이 앉은 하늘은
자애로운 손길로
용굴 깊이 파도를 재우고
늙은 해송은 잠을 깨
바다를 마신다

꽃바람 향기 맑은
여수 앞바다
밤새워 별이 된
고운 섬 하나가
파랗게 웃는다

이팝나무

이밥이 길가에 흐드러져
허기진 길손의 눈을 훔친다

찰진 쌀알들이
물에 늘어져
하얀 그네를 탄다

바람은 살냄새를 뿌리고
하늘은 배가 부르다
보릿고개를 넘기며
손주를 달래던
주린 허리

흰 머리카락을 날리며
손자를 부른다
아가, 이밥 먹어라

늦잠 잔 백설 공주
순백한 미소로
면사포를 쓴다

오, 나의 신부여
눈 시린 축복을 뿌리는
하늘의 하얀 함성

장끼

어슬렁어슬렁
겨우내 언 맨발로
주린 배를 앞세우고
섶을 나선다

눈을 부라린 삵은
삼동을 사납게 할퀴고
송곳니 빠진 들고양이는
밤을 뒤졌다

살아남은 봄은 천행
아리따운 그미는 무사할까
아직도 생생한 사랑의 그림자
아무튼, 만나야 할 본능
나 여기 있소, 꾸엉꾸엉

외국산 콩이 판치는 세상
토종은 가뭄에 죽고
삼시 세끼 무얼 놓고
짝지어 자식을 볼꼬
씨알이 대롱대롱 열린 꿈
빈 하늘 빈 그릇
목이 멘다

온종일 봄을 부르며
어서 와요, 꾸엉꾸엉
사랑해요, 꾸엉꾸엉

환선굴(幻仙窟)

기묘하다, 떨린다
무슨 님의 조화인가 가슴 철렁
심장이 내려앉는다

귀가 얼어붙는다
바람줄기
쌩 쌩 쌩
한여름 울음마저 동태(凍太)다
번뇌가 사라진다
시간이 멈춘다
역사(歷史)가 잠든다

오르락내리락
기기기(奇奇奇)
묘묘묘(妙妙妙)
온갖 모습을 발가벗고
기다리는 나한(羅漢)들

지심(地心)의 찰나를 가르고
우치(愚癡)의 정수리를 후려칠
장군 죽비 아래 살얼음판
천장지비(天藏地祕) 환선굴

보보일체대성경(步步一切大聖經)
한 걸음 한 걸음 무념행(無念行)

한 모금 동굴 생수가
5억 3천만 년을 깨운다

4부

거울 속의 얼굴

거울 속의 얼굴

거울이 나를 본다
이게 누구인가?
어디서 본 얼굴
내가 아닌 얼굴이네
돌아가신 아버지야

거울을 보면 가끔은
멀리 떠나 버린
사촌 형이 보이네

이게 누군가
내가 아버지고
가끔은 사촌 형일세

허연 백발
늘어진 이맛살
골 파인 삶의 무게로
한 생의 침침한
그늘을 거느리고

밤마다 기척 없는 거울이
자꾸만 나를 본다

짚신

구두들은 침실이 좁다
먼지가 수북한 채 토라졌다
신을 때마다 미안하다 아버지가 생각난다
아버지는 평생 한 번도 신지 못했다
맨날 그저 흰 고무신만 닳고 닳았다
삭아 버린 헌신짝을 엿장수도 외면했다
흰 고무신도 아끼려고 손수 삼은 짚신마저
찌그러진 들길 밭길 아찔
아슬아슬 산비탈로
저녁연기 해지도록 닳았다
소쩍새가 밤새 울던 어느 봄날
흰 고무신과 짚신도 아버지를 따라
무거운 어깨를 내리고 떠났다
이사 올 때 아버지를 따라온 짚신 한 짝
지금도 쓸쓸하게 움막을 지킨다
아버지는 신기 편하여 밤새 삼았을까
신어 보니 발바닥이 펄쩍 뛴다
가시덤불인가 자갈밭인가
세상에 아버지는 이것으로 살았구나
이걸 다 신발이라고
산비탈 나뭇짐을 지다니
아, 나는 불효자였다
촐랑대는 구두를 뿌리치고
허름한 운동화를 찾는다

마음밭

사사로이 흔들지 말고
정한 마음에 얼룩진
그림자를 지우자

한 그루 낮은 나무로
둥근 꽃을 피우자
집 잃은 학이 깃들게
마음 향을 사르자

대숲 바람 자취 없이
뭇 새가 잠자고
구름도 흔적 없이
쉬어 가도록

어둡고 흐린 날들
조용히 껴안고
푸른 바람 맑은 달빛으로
보여도 보이지 않게

마음밭 텅 비워
없어도 가득한 내 안에
둥근 우주 하나 심었으면

목탁

나는 아직 내 가슴도
두드리지 못했다

눈물 없는 기도에
세상이 울겠는가

푸른 새벽
향기로운 소리는
어느 법석을 서성일까

영성이 짓눌린
무겁고 모진
만삭의 무명(無明)

끊임없이 타오르는
저 높은 피안의 염불

목 쉰 목탁이
개명(開明)의 노래를 부른다

얼어붙은 하늘 문을
하염없이 두드리는
영생의 바람 소리

분수

기도가 터진다

올라도 올라도
기껏 땅이다

치솟는 욕망도 한갓
물거품이다

기껏 뽐내야
부처님 손 안

눈길 주지 말자
스러지는 꿈이다

아무리 용을 써도
날개 없는 이무기

수천 년 무거운
업인 것을

산사의 종

깊은 밤 검은 산이
적막을 깬다

홀로 울지 못하고
두들겨야 우는 소

육중한 죽비
귓속을 후려칠 때

산천이 잠 깨고
하늘이 눈 뜬다

어지러운 세상에
내리치는 쇠 절구

불붙은 집 바다에
성성한 별이 뜬다

불면의 밤

나는 아직 내 가슴도
울리지 못했다
한 번도 태우지 못한 가슴이
어찌 남을 울릴까

안개 자욱한 세월
파랗게 개려면
천 년도 멀다

나를 짓누르는
무거운 업장 위
철벽을 쌓은 무명(無明)

새벽 푸른 날빛은
어느 구석에
나를 후려칠까

무딘 날개로
비상을 꿈꾸다
마침내 스러지는
한 송이 검은 석양 꽃

모진 바람이 싸우는
사나운 진흙 밭
밤새 보채던 허욕의 무덤

생선 가시처럼

술잔에 꽃이 떨어진다
봄날은 자취 없고
여름은 무성하다

청춘은 늙고 세월은 지는 것
날카로운 생선 가시로
술잔이 목에 걸린다

그리움의 흔적조차
변심한 바람에 흔들리고
창백한 추억은 가슴을 떠난다

번개처럼 깨지는 허상이여
허공을 자르는 아픔에
약속은 갈기갈기 찢기고
애욕은 무너져 뿌리만 앙상하다

꿈이 별처럼 속삭일 때
서둘러 떠나야 한다
파도가 바다를 떠나고
구름이 하늘을 비우듯이
피안의 언덕으로

외할머니

외할머니가 고개를 넘어
딸네 집 오신다
지팡이가 굽었다
아이고 허리야
꼬부랑 고개가 원수로다

후유 내 팔자야
그림자 드리운 한숨이 무겁고 모질다
십 년 강산 여든 고개
굽이마다 눈물인가 진땀인가

꼬부라진 허리가 억세고 질기구나
청상에 남편 보내고

외아들 빨치산에 죽고
대 끊긴 오두막 버리고

백리 길 개금실
셋째 딸 땅뙈기에
지팡이를 파묻었네

밤마다 별을 세며
나무아미타불
염불을 피우셨네

술이 말하기를

건배, 건배, 또 건배
건강이 넘치던가
그런 놈 본 적 없다
말로는 적당히
몸은 만신창이
정신은 미치광이

적당히 마시지 마라
단호하게 마셔라
그마저도 힘들면
지금 당장 술잔을 던져라
미련 없이 인정 없이 사정없이
깨뜨려라 짓밟아라 마구마구

술이 흐느꼈다
날 평생 사랑한다더니
변했구나, 떠났구나

작별인가, 사별인가
영영 얼굴이 없구나
그림자도 떠났구나
고운 정, 미운 정, 가득 한잔

하얀 국화 한 송이 더불어
애인 앞에 올린다

이제야 겨우 주막집
등불이 꺼졌다
마침내 요란하던 술은
쓰러졌다

확실한 기적
술, 드디어 죽었다

지게

어깨가 무너진
아버지의 유산

내 월사금도
네 딸의 혼수도
절뚝거리며 짊어지신

새벽이슬부터
저녁 어스름까지
무너진 어깨

아버지의 지게에 박힌
주름진 한숨이 들린다

아, 그리워라

어깨가 무너진
아버지의 유산

아버지

아버지 아버지
우리 아버지
당신은 부지런한 하늘이었습니다
지칠 줄 모르는
날개였습니다
구름 잘 날 없어도
바람 잘 날 없어도
자식을 먹이려고
헤매었습니다
깊은 하늘
어두운 밤길
헤쳤습니다
날개는 부러지고
눈도 멀었습니다
그래도 멈추지 않고
대문을 나섰습니다
애들 굶기지 마라
석 달 열흘 먼 곳
돈 벌어 오마
지금은 편히 쉬실까

아욱국

어머니 돌아가신 날
아욱국을 끓이니 가슴에
시린 달이 뜬다

보리죽에 아욱국 자시던 어머니
자식들에게 하얀 쌀밥
아욱국 말아 주시더니
지금 소나무 그늘에
스무 해

아욱국 끓여 쌀밥을 말아도
갚을 길이 없구나

아욱국을 먹다 말고
수저를 내린다

어머니가
눈물을 닦는다

보따리

늘 보따리를 싸시던 어머니
보자기가 좁기만 하다
누구를 주려고 저러실까
주섬주섬 챙기고 쌓으시고
두리번두리번 더 담을 게 없을까
전주도 걸리고 광주도 걸리고
인천도 걸리고 서울도 걸리고
자식들이 무엇이길래 저리도 섬길까
아들딸들이 자꾸만 보따리를 키운다
필경에는 쭉정이만 남는 게 어미 몫이다
자식 보따리는 알차고 굵다
그래도 어딘가 모자란다 서운하다
어머니의 보따리는 어머니가 뿌린 피땀이다
눈물이다 사랑이다
아, 고마우신 우리 어머니
가슴 맺히도록 그리운 우리 어머니
지금은 보따리에 무엇을 싸고 계실까
보고 싶구나
우리 어머니

5부

커피 한 잔

접시

조심조심
우리 사랑 깨지지 않게
놓치지 마세요
깨끗한 그림으로 담은
아침 점심 저녁
아름답게 피고 싶어요

어서 오세요
어머니 치마폭
너른 품으로

기다릴게요
부디 반겨 주세요
외면하지 마세요
던지지 마세요

천국 비행은 싫어요
죽어도 이승이 좋아요
당신의 앞접시가 될래요

기름불도 견딜게요
제물도 올릴게요
무엇이든 안을게요

손잡아 주세요
당신의 사랑이면
이 세상 다하도록
따라갈래요

사랑합니다
깨트리지 말고 지켜 주세요
당신 품이 내 마음
내 품이 당신 마음

무거운 몸 가볍게
깨끗하게 비우세요
오만 생각 비우고
말끔히 닦으세요

종이컵

단 한 번
입 맞춘 사랑
함부로 구기지 마라
입술 한 번에
차 버리는 만행
차가운 심장이란다

애정을 이루면
그리움은 떠난다
만나면 떠나는
안타까운 사이
멀어진 별빛

부활의 꿈은
갈증의 연장선

인생은 짧고
시간은 기다린다
이어 가야 할
기도는 부끄럽다

머물고 싶은
살리고 싶은

지키고 싶은
그대, 나의 소유

일회용이건 윤회용이건
절절한 것, 아까운 것

함부로 뿌리치는
노리개가 아닌
매정한 절교가 아닌
가까이 간절한 것

그냥 보내기 싫어서
잡은 손이 떨리는
그냥 헤어지기 슬퍼서
말없이 눈 감는
창백한 당신

아, 뜨겁고 안타까운
단 한 번의 입맞춤
서글퍼라
무정하게 돌아서는
싸늘한 이별

커피 한 잔

한 잔 기울이니
오대양을 마신 거야

첫 잔은 당신의 마음
음미하면 당신의 사랑

커피 한 잔에
희열이 담기고
김 서림에 애정이 녹는다

모닝커피에
아침이 반짝인다
설렘이 샘솟는다

한낮의 열기
치열한 스트레스

냉커피 한 잔에
된더위가 얼고
달콤한 한 잔에
첫눈이 내린다

69

너도 69
나도 69
살아 봤다

6이 9로
9가 6이다

엎어지고 뒤집어지고
돌고 돈다
돌다가 동그라미다

세상은 돈다
인생도 돌아간다
서로 물고 돌아간다

입이 꼬리를 물고
꼬리가 입을 물고

생사가 어지럽다
해탈은 어디인가

꼬리를 무는 인연
돌고 도는 우주

단추

안개가 입을 맞추면
너는 쓰러진 순결

하늘이 내리꽂은
첫날밤 쌍곡선

천둥과 번개로
풀무질하는 소낙비가
절정을 부른다

세월의 강에 묶인
질기고 억센 반골일까

잠든 별을 깨우며
뜨거운 연분이
묵시록을 수행한다

돌부처

바라보다
바라보다
눈이 멀었다

기다리다
기다리다
돌이 되었다

침묵하는 철옹성
불타지 않는 석벽

천근만근
면벽의 시간을 센다

사천 년 외로운
번뇌의 그림자

덕재산

이보게 친구야 덕재산[5]에 올라가세
큰골을 지나면 절골의 맑은 샘물이 기다리는
둥지 나무 그늘에서 바람이 트이는 산
작은 덕재 너머 큰 덕재에 올라
금실 좋은 속금산을 부르고
팔공산도 천황봉도 얼싸안고 만져 보세

이보게 친구야 어서 오시게
십이연주 골골이 아침 연기 피어오르네
저 멀리 산서에서 닭이 울면
오수 심포에서 개가 짖네
아침밥 물안개가 아침재를 넘고
기러기 다섯 쌍이 안하를 나네

이보게 친구야 잊었는가
개금실 그때를 스피커 달고 귀가 춤춘 날
도깨비 전등 켜고 눈이 먼 날
지산댁 대나무가 모기 뜯기며
끝날 때까지 텔레비전 보던 밤
한 장 한 장 흑백 사진
꺼내어 보세

---

5) 임실군 지사면 금평리 뒷산, 성수면 봉강리 산 116-2에 위치한 해발 고도 484m의 아기자기한 산

이보게 친구야 그때를 잊었는가 설마
처녀, 총각 떼 지어서
노래하고 도란도란 이슬 내린 밤

이보게 친구야 고향이 무엇인가
덕재산에 올라 지사 한번 내려다보세
들리는가, 주암, 영천, 관곡, 덕암, 현주 서원
선비들의 낭랑한 글 소리

보이는가 김개인이 졸래졸래 워리를 데리고
원동산 가는 술이 타는 뜨거운 길

이보게 친구야 객지에서 이대로 눕지 말고
하루라도 성할 때 두 발로 다정히 손잡고
가슴이 뜨거워 두근대는 내 고향
꿈 밭 같은 개금실 덕재산에 올라가세

이보게 친구야 무얼 망설이는가
아버지가 기다리고 어머니가 부르는
누가 말려도 고향이 최고네
우리 함께 손잡고 덕재산에 묻히세

딸기밭

어머니는 자식 팔 남매한테 열 달씩
오장육부의 피를 짜 주시었다
팔 남매를 세상 눈 뜨라고
갈가리 몸을 찢으며 생사를 헤매시었다

어머니는 자식들에게 솥바닥 박박 긁어 먹이고
당신은 물만 잔뜩 마시었다
배가 부르다며 트림을 하시었다
그때는 정말 어머니가 배부른 줄 알았다

딸기를 딴다 여덟 번이다
따도 따도 또 내 준다
꽃 피고 지고 피고 지고 구슬땀이 붉었다

해 지도록 쑥국새가 울고
달 지도록 소쩍새가 울고
이제는 꿀물도 마르고
곱디곱던 꽃잎도 떠났다

그래도 서운하여 어린 것들을 매달고
아직도 억척스럽게 밤새워 다독거린다

어머니 젖은 마를 새 없이
팔 남매를 물리셨다
호미자루는 빠지고 손톱은 닳았다
베틀은 밤마다 덜커덩덜커덩
별이 지도록 눈이 빠졌다

어느 날 어머니를 등에 업으니
마른 나무 허떠깨비
빈 껍질만 남은 어머니
미안해요 어머니
죄송해요 어머니

어머니가 보고 싶다
달처럼 그립다
지금은 어느 하늘 아래에서
밥을 짓고 계실까
베를 짜고 계실까

온통 내어주고
껍질뿐인 딸기밭에서
안간힘으로 맺은
마지막 딸기를 거두며
노을이 저무는 텅 빈 하늘에

자식 걱정하시던 어머니를 부른다
목을 놓아 부른다
어머니
어머니
어
머
니

보리암

남해 보리암
관세음보살은
해무에 잠긴
섬들을 건지고

북녘 하늘 하얀
뭉게구름은
내 마음 감싸는
자비의 이불이라

평온한 얼굴로 벚꽃은
오만가지 번뇌 망상
허망한 시름일랑
바람에 떨치고

화신불 돌탑은
피안의 바다를 바라보며
낙원 세상을
그리네

미륵산

꽃비가 내린다
가을 끝까지

산은 혼(魂)이다

진저리치며 부르르 떨며
형형색색 옷 벗는 나무들
줄지어 몰려드는
비옷과 우산들
훔쳐보는 요지가지 사람들
산이 숨는다

수많은 오색 물감을 바르다가
떼지어 추락하는 영혼들
추락한 자는 짓밟힌다
아우성에 난장판

벗어야 산다
골골이 변신의 몸부림으로
해탈의 진통

정수리 찌르는
죽음의 꽃비에 쌓이는
희생의 눈물

구름마저 돌아와 영생하는
개벽의 성

백제의 꿈

백제여 후백이여
어디로 드셨는가
그림자를 지워도 살아난다
자꾸만 꿈틀댄다
새만금을 외치며 길을 연다
세상을 연다
뻗어라 멀리 널리
숨지 말고 쉼 없이
쭉쭉 새천년을 뛰어라
새만금을 세워라
백제가 일어선다
후백제가 달린다
하늘로 운집한 물이 지상을 역습한다
곰티재를 넘고
감나무골을 더듬고
위봉산성에 던진 몸이다
침묵의 세월아 골골이 일어나라
대동의 함성이 즐겁지 아니한가
바다를 향하여 구름이 달린다
해월리 오성리 분토동 아중리
잠들아 깨어라 동무 동무 동동무
춤판을 벌이자
혼불을 뭉치자

너와 나는 대동(大同) 대동(大東)
한 서린 한 몸이다
내리치는 천둥 번개
개벽(開闢) 속에 뛰어들자
고산천 전주천 삼천아
반갑다 동무들아
우리는 한 핏줄
오천 년 녹아 흐른
단군의 혈통
일어서라 용오름아
도도한 만경강
늠름한 동진강
마르지 않으리라
천지개벽의 신호탄이
장구 치고 북 치고
지축을 흔든다
새 희망 새만금
상전벽해 황금의 땅
새만금 새 만년
황금바다 출렁출렁
노래하고 춤추자
검은 머리 무녀 아가씨
비응도 야미도 그립구나

사랑 찾아 천 리 먼 길
선유도 장자도야 잘 있느냐
신시도 무녀도 옛정이 아롱거린다
망주봉이 다리를 뻗었다
핑 돌던 허리가 곧게 펴지니
고달픈 한숨이 떠나리라
세상 변하는 게 십 년은 길다
새만금을 노래하라
신시항 서쪽 바다 망망한 새 천지

진북교에서

북풍을 막으라
내리신 어명
쇠북이 울 때
정신 차리라
방금 지나온
터널이 부른다
해 뜨면 다시
부지런히 건너자
북쪽 하늘이 구름을 몬다
무너지지 말고
피하지 말고
막아야지
눈을 부릅뜨고
전주를 지킨다

색안경

말하지 마 말 안 해도 다 알아
가리지 마 눈 감아도 다 알아
감추지 마 뱃속에 숨겨도
냄새가 나거든

네가 알고 내가 알고
하늘이 알거든

부끄러운 항문이 다 보여
먹은 것이 어디로 갈껴
썩은 내가 얼굴에 묻어서 다 보여

술수 쓰는 거 자유야
하지만 그만해

감추어도 보이거든
카메라 앞에서 억지로
두리번거리지 마

왼쪽 오른쪽 뭘 그리 두려운 거야
뭐가 구린 거야 뒤가 켕겨서 그래
좌우로 고개 흔들지 마 제발
속보여

다 아는 것을 감추지 마
눈 부라리지 말고 마음으로 살아야지

이것저것 붙이지 마
허물 벗고 어서 웃어 봐
진실은 꼼수가 아니야

꼬리치고 떠나야지
활개치고 날아야지

가을 식탁

누런 황금 햇빛 쏟아진 밥상
메뚜기 들기름에 볶아
진상한다
앞산 뒷산 도토리는 쫀득한 묵 한 접시
노란 들깻잎은 고추양념장 입고 들큼하다
앞 논배미 고개 숙인 벼
물 빼서 말린 물꼬
미꾸라지 숙회 한 접시
입맛 돋운다
살짝 훔친 애기 시래기
햇된장 풀어 한 사발
간장에 졸인 찬 이슬 한 종지
간밤에 간해 놓은 댓바람 소리 한 대접
검푸른 하늘에서 떨어진 기러기 눈물 한 종지
둥지 나무 그늘에 모인 할아버지들의
소금에 절인 헛기침에 소주 한잔
동구 밖 아이들의 왁자지껄한 놀이판 같은
가을 식탁은 추석날 둥근 달빛이다

꽃게

꽃이 좋아
죽어도 좋다

함부로 헤집을까
얽히고설킨
두려움을 몰랐다

집게발에 걸린 하늘은
피보다 붉었다

꽃게야 울지 마라
꽃처럼 지는 아픔을

오늘이 명줄인걸
애처로워라

옆걸음질만 치는
가녀린 세상을

꽃이 좋아
죽어도 좋아

6부

억새의 사랑

7월

지루한 장마가
무지개를 토한 하늘

울창한 가시나무가
광장을 누비고
쓸개 없는 말매미는
허공을 찢는다

불타는 산이
바다를 누비는데
녹아내린 그늘은
태양과 상씨름이네

누가 일어서고
누가 쓰러지나
바람이 말려도
살벌한 신경전

시계가 종말을 달리고
연꽃은 밤마다
우주를 깁는다

만추

하늘 시린 날
봄여름 다 녹여
파랗게 시든 눈빛이
나를 부른다

호호백발 늘어진 발길
무거운 뒷그림자에
갈바람이 맵고 차다

낙엽 등지는 날
오곡백과를 거둘까
소복단장의 살풀이에
기약 없는 쇠북 소리

바쁜 노을 뒤안길
길 잃은 새들이 맴도는
허름한 안개 바다

한 가닥 낡은 힘줄로
어둠을 태우는
하얀 나그네

내 사랑 봄이

봄아, 너, 온 거야?
안 온 거야?

늦겨울 찬 서리가
품속이라는데
산비둘기 외로이
울다 멈춘다

산 너머 봄이는
보일락 말락
애를 태운다

호박 구덩이 파 놓고
오이 구덩이 셋
날 기다리는데

고추랑 가지랑
눈멀었는데

얄미운 북쪽 바이칼 하늘이
꽃샘바람을 토한다

내 사랑 봄이
차가운 눈물을 녹이고
설레는 빛으로 올까
달콤한 입술로 올까

몸 풀린 둥지 속
산비둘기가 목쉬는데

망월

정월 대보름 밤
달이 떠오른다
달집이 타오른다
사바에 떨던 달이 놀라
눈이 둥글다

달들의 왕이다
대왕은 복을 내린다
꼬리 문 연들이
복을 빈다
동정을 뜯어 액을 태울까

드디어 오신다
청풍월상시(淸風月上時)
만상자연명(萬像自然明)[6)]
망월이야
풍물이 지신을 밟는다
폭죽이 지축을 흔든다

정월 대보름 밤이 탄다
사바에 울던 달이
둥글게 웃는다

---
6) 소태산 박중빈 대종사가 대각을 이루고 읊은 시

몸은 불이요 마음은 물이다
수승화강(水昇火降) 청풍명월
일원상(一圓相)이 어둠을 밝히고
대동의 둥근 세상
하늘 날이 열린다

백로

소양천을 접수한 효성 들녘
어린 벼 포기 사이로 온종일
주린 배를 달래며 더듬는 눈길

그 많은 미꾸라지는 다
어디로 갔나, 우렁 각시는
모두가 꿈이었나

올챙이 없는 논바닥
아무리 뒤져도 진흙뿐
이건 지옥이야
개구리 종말 본 논바닥
우렁이 썩은 제초제 냄새

산다는 게 오늘이 기적이지
해지도록 헤매도
빈손의 주린 식탁이네

등 굽어 축 늘어진
해바라진 날갯죽지
해가 질수록 힘든 풀칠
이 한 몸 어디에 기댈까

내 짐도 무거운데
연분은 무슨 소용이리
자식은 무슨 팔자이며

홀로 나는
무심의 하늘 우러르며
석양 노을이 꺼억꺼억
긴 울음을 토한다

여수(輿收)의 법칙

받고도 갚지 않았다 나는 채무자다
빚쟁이는 이골이 났다
빌어먹을 화상인가
쪽박 들고 나왔던가
주면 받는 이치를 모른 채 바리바리
받고서도 벼락 맞지 않고

일곱 고개를 넘었다 모질다
숨 한 번 들이쉬고 내뱉어도
내 재주로 뽐냈다 어리석다 무지하다

허공이 준 공기를 거저 마시다니
하늘이 내린 물 한 방울 공으로 마시다니
제 잘나서 태어난 세상인 줄
착각도 유분수지

아니 아니 몰골만 사람이지 짐승인 거야
보다 못한 바이러스가 세상을 뒤집는다
불충불효 배반의 화상들이 고꾸라진다
주고받고 받고 주고 피장파장

기고만장 안하무인 쓰러지는 허우대
사시나무 꼬락서니
세상이 난리다 인간이 소란이다

함부로 밀어 버린 땅거미
나 몰라라 눈 감은 쓰레기
과음한 토사물

우주가 성토한다

입춘

음 정월 초나흘과 양 2월 4일
겹사돈 날에 혼돈의 동구 밖
눈보라 날린 세월을 휘돌아 오니
어느새 봄이 먼저 기다린다

만나서 마주 잡던
나룻배가 그리운 만경강은
버들치를 깨우고
밤마다 얼어붙은 기러기를 녹인다

버들가지들이 숨죽이며
가슴 졸인 피리 소리
아파트는 기지개로
늘어진 하품을 깨운다

불면의 별들이 밤마다
귀를 곤두세우고 기도한
봄은 정녕 오는가

하늘이 무너져도
땅은 일어선다
부활한 바람의 불길이
허공을 녹일 때까지

연꽃

시커먼 진흙으로
여름이 무성하더니
붉은 연꽃이 피었다

장하여라 연꽃이여
어찌 저리 고결할까

언제 저 연꽃처럼
사바 세상을 열까

연꽃이 나를 보고
미소 지으며 눈에 가득
연등불이 되었다

연못

굵은 장대비가 연못을
두드린다
찢어지나 보아라 절대
연잎은 웃는다 까르르
구슬이 구른다

취향정[7] 미끄러운 마루에
동그마니 앉아 넋을 놓을까
흔들려도 꺾이지 않는
정조를 본다

휘청거리는 현수교 다리
우주를 지붕 삼은
사바 유혹에도
연잎은 맑은
정화수를 굴린다

썩은 진흙을 씻으며
썩어 가는 속세를 안고
부처의 목을 **뽑은**
뜨거운 참선

---

7) 전주시 덕진공원의 정자

드디어 열린 하늘
한 송이 나한으로

비에도 젖지 않는 법석에
오백 나한이 모여
백팔 염주를 굴린다

왕복 열차

상행선 열차
언제나 만석

하행선 열차
한산한 고향길

붙드는 졸음을 뿌리치며
오늘도 레일을 탄다

머리 둘 달린 철룡
돌아서도 앞길이다

상행이건 하행이건
오직 한길
그 몸이요 그 마음

오르면 내리는 순리
승차 거부는 어리석다
숨고 피할 게 무엇인가

타면 내리고 오면 가는
막을 수 없는 숙명
일분일초 지키련다

귀환의 꿈을 안고
감사의 인사를 나누며
소풍 가듯 떠나리라

한 치도 어김없는
일방통행
생로병사 티켓 한 장
손에 쥐고

돌아보지 못할
열차가 달린다
왕생의 꿈을 안고

춘강(春江)

차가운 겨울이 녹아 흐른다
해빙의 강가에 나앉으면
맑은 수선화가 고개를 끄덕인다

기다리면 보이고
그리우면 만나지고
사랑의 윤슬이
가슴을 두드린다

수생의 지느러미가
밤새 꼬리치고
새벽부터 자맥질하는
분주한 봄바람

모성의 바다가 그리운
애틋한 꿈은
마르지 않으리

영생을 흐르는
한 줄기 뜨거운
어머니의 눈물같이

태풍 경보

국사봉 아래 옥정호
그림 같은 섬
물빛이 옥빛

섬이 드러나
가뭄이 탄다
마른 여름이다

심상치 않은 얼굴
눈 부릅뜬 먹구름

긴장하는 하늘
오봉산이 무너질라

날개가 부러질까
갈매기 한 쌍
화들짝 대피하는 옥정호

한로

찬 이슬이 내린 새벽
창백한 아버지 얼굴
공연히 또 오시는지
냉가슴으로 하얗다

식솔을 짊어진 채

가을비를 맞으며

간밤의 아버지
새벽 찬 서리가
모셔 가고

물려받은 유물
염색해도 내미는
정직한 흰 뿌리
백설 모자가 어느새
나를 조른다

백세 시대의 봄날
서두를 게 무언가
즐거운 소풍 자리

내 이름을 부르며
검은 그림자가
새벽을 두드려도
반기지 않으리라

평설 - 최규풍 시인의 시 해설

모더니즘풍의 서사적 서정시
- 최규풍 시인의 시는 한의 정서를 이미지화한 상징시이다

소재호(시인, 문학평론가, 전 전북예총회장)

　상징주의에서는 존재와 본질, 현상과 관념, 물질과 정신, 육체와 영혼, 지상과 천상, 인간과 신 사이에서 이루어지는 교응의 세계를 '영적 일체감'의 세계라 일컬었고, 앙리 뻬르는 '수직적 교감'의 세계라 했다. 상징주의에서 '영적 일체감' 및 '수직적 교응'은 그러므로 가상적인 것으로서의 현상 및 존재와 실상적인 것으로서의 본질 및 관념의 조화 일치뿐만 아니라 지상적인 것과 천상적인 것 또는 인간적 존재와 신적 존재 간의 결합 일체가 현상 세계와 관념 세계에서 공히 이루어짐을 통칭하는 미학 개념이 된다. 또한, 상징주의는 형이상학적 관념과 상징의 이론이 뒷받침되는 가운데 '공감각'과 '영적 일체감'의 이중적인 교응의 미학을 실현함으로써 철학과 미학에서 공히 참이고도 이상적이고, 조화롭고도 아름다운 질서와 조화의 통일, 즉 일체성의 세계를 체험했고, 밝혀냈고, 시로 펼쳐 놓은 것이다.
　이런 상징주의 이론이 최규풍 시인의 시편들에 정확히 부합되는 현상을 필자는 수많은 빈도로 발견하고서 이에 감탄을 금치 못한다. 최규풍 시인의 시에서 시적 자아는 시의 소재(물상)에 감정이입(感情

移入)으로 잠입하여, 영적 존재로 현현(顯現)되어 다시 이는 이상적 세계의 형상화에 이르는 정렬된 시의 흐름이 자주 감지된다.

지상적인 것과 천상적인 것, 인간적 존재와 신적 존재 간의 일체화, 조화화가 현묘한 정경으로 발현됨은 또한 자주 목도하게 된다.

상징주의는 이를테면 '꽃'을 표현하기 위해 꽃의 향기나 꽃잎의 형상 또는 꽃의 색깔로 직접 묘사하는 것이 아니라 꽃이 생성되기 이전의 존재인 '나무'를 끌어들이는 것이다. 꽃에서 나무까지의 간극은 멀기만 하다. 나무의 존재와 본질에서 이미지를 이끌어 꽃의 이상적 이미지로 연결시키는 고도의 표현 방법이다. 나무는 온갖 기후를 동반하고 생태적인 근원에 이르기까지 그리고 우주로 연기(緣起)되는 신의 섭리까지를 끌어 내어 이 모두를 넘나드는 통섭과 교응(交應)이 신묘하게 표상됨에 이르러 시는 펼쳐지는 것이다.

이러한 실현을 최규풍 시인의 시에서 만나게 되므로 필자는 놀라지 않을 수 없다.

"지구별 어느 한 틈에/천년의 사랑이/다시 찾아오는 날/나 그대 맞으리/가냘픈 사랑"에서 '사랑초'가 사랑이라는 정서(관념)로 치환되어 우주로 상정되는 시공을 거쳐 한 포기 풀로 형상화된다.

공감각(共感覺)과 감정이입의 테크닉이 절묘하지 않은가?

"나를 짓누르는/억겁의 무명(無明)", "밤새워 별이 된/고운 섬 하나가/파랗게 웃는다", "영생을 흐르는/한 줄기 뜨거운/어머니의 눈물같이" 등등 시구의 예가 넘친다. 최규풍 시인은 시의 바람직한 체계와 형식과 탄탄한 기교 및 수상에 능한 그런 역량을 갖추고 있다.

그리움이 쌓인 밤
뜬잠 자는 사랑초

외로운 밤마다
냉가슴 뒤척이며
다시 만나려
하염없이 기도하는
보랏빛 눈물

전생의 꿈 가닥가닥
안개처럼 날리며
창백한 목을 빼고
혼불을 지피는
가냘픈 사랑

지구별 어느 한 틈에
천년의 사랑이
다시 찾아오는 날
나 그대 맞으리
가냘픈 사랑

-「사랑초」전문

'가상적인 것으로의 현상 및 존재와 실상적인 것으로서의 본질 및 관념의 조화 일치뿐만 아니라 지상적인 것과 천상적인 것 또는 인간적 존재와 신적 존재 간의 결합 일체가 현상 세계와 관념 세계에서 공히 이루어짐'을 이 시에서 적확(的確)하게 보인다. '전생의 꿈'이 실상적인 '사랑초'로 합일·일치되는 점이나 '혼불'이 '사랑초'로 치환되는 점도 특별한 표현법이다. 전생, 천년, 뜬잠, 지구별 한 틈, 긴긴 불면의 밤 등은 천상적 관념적 형상들이 아닐 수 없고, 우주적 시공이 '사랑초'의 배경이 되며, 관념과 실상의 넘나듦으로써 소위 '교응의 의미'로 구현됨이 너무나 경이롭다. '보랏빛 눈물', '가냘픈 사랑'은 공감각의 예로 충족된다.

나는 아직 내 가슴도
울리지 못했다

눈물 없는 기도로만
세상이 뜨거워질까

나를 짓누르는
억겁의 무명(無明)

미진한 염불이
하늘에 닿을까

번뇌의 파도에

돛대 없는 해탈의 꿈

- 「안개꽃」 전문

　이 시에서 '자아'는 억겁, 하늘 등으로 암시되는 우주적 시공 앞에서 한계 상황을 설정한다. 소아적 자아는 무한 시공에 대칭하여 무아(無我)의 경지로 나아가려 한다. 속세에 처하여 수도의 길에 정진하는 여정을 관념적으로 그려 낸다. '안개꽃'은 나의 상징물이다. 시 속에 안개꽃을 형용한 어구는 하나도 없다. 안개꽃 이미지는 '희미함', '애매모호함', '흐릿함', '불분명함', '또렷하지 않은 형상', '가냘프고 여릿여릿함', '무엇과 무엇 사이에서 가림막의 이미지가 있음', '홀로 독존하는 자가 아니라 무엇에 부차적임' 아우라를 이끄는데, 시적 자아 역시 자기 확신이 없고 혼신의 정성을 기울이지 못하며, 왜소하고 하찮은 데다 번뇌에 흔들리는, 방황의 습성을 가진 모습으로 그려진다. 자아의 속마음이 안개꽃에 연계되는 상징화로서 시의 결기가 충만하다. '나를 짓누르는 억겁의 무명'은 시적 테크닉이 빼어난 시구이다.

천둥 같았던 큰 소리 죽여

흔적 없이 속으로 우는 강산

깊은 잠 언제 깨려는가

사비성 짓밟혀 무너진
통곡 위에서 성충이 운다
피투성이 계백이 눈을 부릅뜬다

삼천 궁녀 머리 풀어
꺼억꺼억 우는 백마강
잠을 버린 무수한 영혼들이
싸늘한 피눈물로 흐르네

오천 결사 황산벌아
피를 토하고 일어서라
깨어나라 구다라여
쓰러진 통한의 절개
주섬주섬 걸치고
무너진 나성을 쌓으리니

백발의 무딘 지팡이로
한 서린 백제를 흔들면
푸른 오천 결사가 깨어나
잃어버린 칼춤을 춘다

흩어진 뒷바람의 산실
쓰러진 사비성에 오르면

끝없이 밀려오는 그리움의 파도
쿠웅쿠웅 가슴 찧는
선열의 심장 소리

- 「사비성」 전문

이 시는 서사시의 전범(典範)이다. 역사적 이야기에 서정적 감정이입(感情移入)으로 시적 결기를 북돋운다. 강산, 백마강, 황산벌, 구다라, 백제, 사비성 등의 자연 명칭들이 의인화되어 백제의 충신들(계백, 성충, 삼천궁녀, 오천 결사대, 망국의 선열들)과 망국의 한(恨)으로 일체화한다. 물아일체(物我一體)인 셈이다. 서사시에서 역사 중심의 팩트를 강조하면 역사적 서술이지 결코 시가 아니다. 의미적 요소 외에 음악적 요소와 회화적 요소가 적정 비율로 융합되어야 한다. 이 시에서 정서적 시어들이 충분히 출동한다. 그래서 언뜻 보기엔 서정시이다. "속으로 우는 강산", "꺼억꺼억 우는 백마강", "잠을 버린 무수한 영혼들", "오천 결사 황산벌", "깨어나라 구다라", "한 서린 백제", "그리움의 파도" 등등 감정이입과 공감각의 기교를 입어 의인화된 시어들로 하여금 시의 궁극적 목표는 충분히 달성된 것이다. 여기서 주의해야 할 관점은 전지적 관찰자로서의 자아가 역사적 서사를 관통하며, 집단 무의식에서의 백제 유민 정서로 현현(顯現)되고 있음이다.

싸전다리에 서면
힘줄이 불끈 선다

전주의 관문이다
남녘을 여는 동맥이다

부푼 심장이 열리는
동남풍의 길목

눈을 높이 들지 않아도
반가이 맞이하는
너그러운 전동성당

귀 밝은 총명으로
풍남문이 고개를 든다

발아래 푸른 남천(南川)이
하얗게 웃고
포만(飽滿)의 쉬리는
태평가를 부른다

날마다 밤마다
신바람이
남부시장을 열고

남천은 새벽을 길어

전라 감영(監營)을 닦는다

- 「싸전다리」 전문

이 시는 서경적 서정시이다. 전주 남부 지역 풍물과 유적을 망라시켜 향토 애향의 시선으로 쓴 특이한 어법의 시이다.

전주 남부 풍물이 의인화된다. 전지적 관찰자로서의 자아는 기행문을 쓰듯 추보식 열거법으로 자연경관을 읊는다. "발아래 푸른 남천(南川)이/하얗게 웃고"에서 보이는 공감각적 표현과 대칭적 조화의 일치는 소위 '교응의 미'를 유감없이 발휘한다. "반가이 맞이하는/너그러운 전동성당", "귀 밝은 총명으로/풍남문이 고개를 든다", "남천은 새벽을 길어/전라 감영(監營)을 닦는다" 등등의 표현은 의인화는 물론 공감각적 테크닉이 절묘하다. 환희, 기쁨, 설렘 등의 정서가 시의 전반을 관통하며 매우 성공한 시이다.

해 맑은 아침

거문고 속울음

오백 년 무거운 득음일세

시공을 넘고 넘어

온몸으로 뿌리며, 푸르른

음률의 부신 햇살

느긋한 진양조장단에
숨 멎은 절창의 향기로고

새들은 날개 접고 한나절
태양은 늘어지네

보랏빛 나비 무리
허공에 머물고
한 세월 저물도록
기별 없는 누님이야

– 「벽오동」 전문

이 시는 모든 면에서 매우 우수한 시이다. 심층 심리 깊은 골짜기에서 현묘하게 굽이쳐 나온 가상적 실감이다. 유추된 실감이 판타지로 재현되는 이상태(理想態)의 정경이다, 오동나무 외모는 전혀 언급이 없다. 서정주 시인의 「국화 옆에서」에서 누님이 국화라는 상징화로 형상화된 것처럼 이 시에서도 누님은 벽오동으로 상징화된다. 이 시의 절절이, 구구가 공감각적 표현이요, 의인법, 활유법, 미화법, 과장법, 시청각의 합일이며 온갖 테크닉이 구사된다. 특히 '푸른 음률의 부신 햇살'에서는 공감각의 절창이다. 김광균의 「외인촌」에서 "분수처럼 흩어지는 푸른 종소리"에 비견되는 공감각적 표현이다.

서리 맞은 노란 털머위가

너털웃음 드러낸

오동도 푸른 동백 숲

아픈 걸음을 앞세우고

나이 먹은 세월을 오르면

끼룩끼룩

갈매기 한 마리

짝을 찾아 맴돈다

천 년을 기도한 바위섬

눈물의 전설을 뿌리고

무심의 바다에

너른 가슴을 내준다

등대 높이 앉은 하늘은

자애로운 손길로

용굴 깊이 파도를 재우고

늙은 해송은 잠을 깨

바다를 마신다

꽃바람 향기 맑은

여수 앞바다

밤새워 별이 된

고운 섬 하나가

파랗게 웃는다

- 「오동도」 전문

이 시에서 오동도의 풍경은 의인화되어 있다. 오동도는 천년의 도인처럼 현자의 기상이다. "천 년을 기도한 바위섬"은 "밤새워 별이 된 고운 섬"으로 승화된다. 교응의 미에서 언급된 바, 지상적인 현상이 가상적인 천상의 별에 상호 조응(照應)됨을 알 수가 있다. 존재와 관념, 지상과 천상, 물상과 자아, 시간과 공간 등 대조와 대칭의 상호 감을 교통하고 넘나듦이 이 시의 빼어남이다.

나는 아직 내 가슴도

두드리지 못했다

눈물 없는 기도에

세상이 울겠는가

푸른 새벽

향기로운 소리는

어느 법석을 서성일까

영성이 짓눌린
무겁고 모진
만삭의 무명(無明)

끊임없이 타오르는
저 높은 피안의 염불

목 쉰 목탁이
개명(開明)의 노래를 부른다

얼어붙은 하늘 문을
하염없이 두드리는
영생의 바람 소리

— 「목탁」 전문

전반부는 「안개꽃」과 흡사하다. 주지적 서정시의 면모이다. 목탁이 의인화되어 수도승의 지난함을 읊는다. "영성이 짓눌린/무겁고 모진/만삭의 무명"은 보이지 않는 관념들을 연속적으로 관계지어 형상화와 공감각의 기교를 구사한다.

'목탁이 하늘을 두드린다'에서 지상의 행위로 하늘(뜻)에 닿는 결과를 상징한다. 주제 면에서 높은 인상을 남긴다.

늘 보따리를 싸시던 어머니
보자기가 좁기만 하다
누구를 주려고 저러실까
주섬주섬 챙기고 쌓으시고
두리번두리번 더 담을 게 없을까
전주도 걸리고 광주도 걸리고
인천도 걸리고 서울도 걸리고
자식들이 무엇이길래 저리도 섬길까
아들딸들이 자꾸만 보따리를 키운다
필경에는 쭉정이만 남는 게 어미 몫이다
자식 보따리는 알차고 굵다
그래도 어딘가 모자란다 서운하다
어머니의 보따리는 어머니가 뿌린 피땀이다
눈물이다 사랑이다
아, 고마우신 우리 어머니
가슴 맺히도록 그리운 우리 어머니
지금은 보따리에 무엇을 싸고 계실까
보고 싶구나
우리 어머니

− 「보따리」 전문

'어머니 하고 말만 들어도 벌써 눈물이 난다'란 말은 한 소설가가 했다고 전해진다. 심정적으로는 소설가뿐만 아니라 이 땅의 모든 문

인이나 한국인이라면 공감하는 말일 터이다. 그러니까 한국의 어머니들은 유난히 모성애가 강했다는 뜻에 다름 아니리라. 온갖 수난과 환란을 겪어 온 우리 민족으로서는 저 태산보다 높고 바다보다 더 넓은 어머니들 힘이 아니고서는 결코 넘어오지 못한 고비였으리라. 이 시에서는 테크닉보다는 어머니에 대한 '절절한 그리움'을 눈에 보는 듯 확실하게 그려 내고 있음에 방점을 두어야 할 것이다. 최규풍 시인의 어머니는 더욱 유난히 자애하심이 돈독하였던가 싶다. '보따리'의 크기가 어머니 사랑의 표상이 되고 있다. 명절에 모였다가 떠나는 자녀들에게 '걸리지 않게' 무엇인들 더 주려는 어머니의 모성이 실감 난다. 자식들 보따리가 커지면서 어머니는 쭉정이만 남는 반비례를 상정하지만, 어머니 가슴에 넘치는 사랑의 바다는 더 크게 해일을 일으킬 것이다. '지금은 보따리에 무엇을 싸고 계실까'에서는 저승까지 이어지는 불변의 사랑을 노래함이리라.

누런 황금 햇빛 쏟아진 밥상
메뚜기 들기름에 볶아
진상한다
앞산 뒷산 도토리는 쫀득한 묵 한 접시
노란 들깻잎은 고추양념장 입고 들큼하다
앞 논배미 고개 숙인 벼
물 빼서 말린 물꼬
미꾸라지 숙회 한 접시
입맛 돋운다

살짝 훔친 애기 시래기
햇된장 풀어 한 사발
간장에 졸인 찬 이슬 한 종지
간밤에 간해 놓은 댓바람 소리 한 대접
검푸른 하늘에서 떨어진 기러기 눈물 한 종지
둥지 나무 그늘에 모인 할아버지들의
소금에 절인 헛기침에 소주 한잔
동구 밖 아이들의 왁자지껄한 놀이판 같은
가을 식탁은 추석날 둥근 달빛이다

- 「가을 식탁」 전문

가을은 풍요의 계절임을 실감 나게 묘사하고 있는 시이다. 전혀 애상이나 허무나 쇠락의 정서는 언급이 없다. 가을철에 있게 되는 각각의 사례들을 여러 가지 일 중에서 가장 긴밀한 대표성을 띤 것으로 대유법의 형상이다. 가을 소득이 음식으로 환치되고 그 음식의 풍성한 차림이 우리네 한민족의 삶의 한 자락을 표상한다. 그러나 이 시에서 특별한 것은 절묘한 공감각적 테크닉이다. "이슬 한 종지", "댓바람 소리 한 대접", "기러기 눈물 한 종지", "헛기침에 소주 한잔" 등으로 표현한 시구들은 가히 절창이다. 가을의 물질적 풍요가 정서적 풍요로 진화라는 시상(詩想)이 너무나 아름답다.

차가운 겨울이 녹아 흐른다
해빙의 강가에 나앉으면
맑은 수선화가 고개를 끄덕인다

기다리면 보이고

그리우면 만나지고

사랑의 윤슬이

가슴을 두드린다

수생의 지느러미가

밤새 꼬리치고

새벽부터 자맥질하는

분주한 봄바람

모성의 바다가 그리운

애틋한 꿈은

마르지 않으리

영생을 흐르는

한 줄기 뜨거운

어머니의 눈물같이

- 「춘강(春江)」 전문

  겨울이 서서히 해동하는 봄의 정경이다. 강은 얼어붙었으나 '흐르고자 함'의 대섭리, 대자연의 법칙으로 마침내 해빙을 맞는 정경이다. 그 강물은 "기다리면 보이고/그리우면 만나지고/사랑의 윤슬이/가슴을 두드린다"에서의 시구에서 보이듯 인간의 간절한 소망으로도 봄은 성숙해진다는 주장을 에둘러 표현한다. 봄의 강물은 "영생을 흐르는/한 줄기 뜨거운/어머니의 눈물같이"에서 시의 결기가 충만하다. 어머니가 살아 계시든, 유명을 달리하여 저승에 계시든, 그 사랑, 그 자애는 지상의 동면도 깨우고 강물이 흐르게 하며 만 가지 물상들이 생명을 일으키게 만든다는, 그것도 영원히 끼친다는 어마어마한 가정이, 가상의 세상을 열고, 현시적 실감이 가상적 환상에 일치하는 소위 '교응의 미'가 연출된다. 최규풍 시인의 시가 가고 있는 절묘한 맥락이다.

최규풍 시인의 시는 현대 모던풍의 형상을 갖춘 시의 유형이 보이며, 공감각의 절묘한 테크닉으로 시의 체제를 완벽하게 갖춘다. 시의 3요소라 일컫는 의미적 요소, 음악적 요소, 회화적 요소가 적절히 융합하며 서경적 서정시이거나, 서사적 서정시의 정조로 흐른다. 밀도 높은 응축미, 산문적 요소의 과감한 배제도 돋보이나, 자아의 확장으로 자연에 융합하면서 다시 무아(無我)의 경지로 나아가는 정서적 진화의 절묘성이 빼어나다.

최규풍 시인은 아무튼 한민족의 한 사람이다. 한민족 고유의 정한이 모든 시의 바탕에 잠재해 있음은 명징한 실상이다. 그의 시는 더욱 발전할 것이며 많은 명시를 창작해 낼 것이다.